BAUSTEINE

Trainingsheft
Rechtschreibstrategien

3

Erarbeitet von

Matthias Greven und
Hans-Peter Schmidt

Diesterweg
westermann

Inhalt

Wörter schwingen und deutlich sprechen

Wörter verlängern

Wörter ableiten

Länge des Selbstlautes prüfen

Merkwörter üben

Nomen großschreiben

Wörter sprechen und in Silben gliedern

① Sprich die Wörter in Silben.

② Trage die Silbenanzahl der Wörter ein.

Lö we   Pal me   Sä ge   Flö te   Kin der

Ho se   Pin sel   Kü che   Wol ke   Ti ger

③ Lies in Silben. Markiere die Selbstlaute in den Silben.

④ Sprich die Wörter in Silben. Bei welchen Wörtern hörst du nur einen
Konsonanten zwischen den Selbstlauten, bei welchen mehr als einen?
Zeichne die Tabelle ab und trage die Wörter ein.

ein Konsonant zwischen den Selbstlauten	mehrere Konsonanten zwischen den Selbstlauten
Lö we	Pal me

Ich kann Wörter in Silben sprechen
und Laute gut hören.

– Wörter strukturieren: Silben
– Wörter in Silben sprechen
– Wörter durchgliedern: Konsonanten an der Silbenfuge

– SB, Seite 10
– ÜH, Seite 5

3

Silben sprechen und Wörter trennen

Wenn das Wort am Zeilenende nicht fertig ist, muss man das Wort trennen.

Man trennt mehrsilbige Wörter nach Silben. Am Zeilenende steht ein Trennstrich.

Ma ma	Ha se	Win ter	Kin der
Na se	He xe	Lam pe	Man tel
Be sen	Re gen	Am pel	Ker ze

1 Lies und sprich die Wörter in Silben. Zeichne die Silbenbögen ein.

2 Markiere in jeder Silbe den Selbstlaut.

3 In welchen Wörtern stehen zwischen den Selbstlauten verschiedene Konsonanten? Schreibe sie in Silben auf.

Du sprichst: ko mmen
Du schreibst: **kom-men**

kommen	Bagger	müssen	Teller	Nummer	sollen
Sommer	trennen	Kanne	immer	Pfanne	messen

4 Lies die Wörter in Silben und schreibe sie mit Trennstrich auf.

Ich kann in Silben sprechen und Wörter trennen.

4

− Wörter am Zeilenende trennen
− Wörter strukturieren: Schreibsilben
− Schreibsilben und Sprechsilben unterscheiden

− SB, Seite 125

Wörter mit -b/-p, -d/-t, -g/-k am Ende richtig schreiben

Stran $\begin{smallmatrix} d \\ t \end{smallmatrix}$

die Strände

Am Ende alles richtig?
Verlängern ist hier wichtig.

ein Lie_____ viele _____

eine Wel_____ viele _____

ein Zwer_____ viele _____

eine Ban_____ viele _____

ein Ty_____ viele _____

ein Kor_____ viele _____

ein Hu_____ viele _____

ein Bil_____ viele _____

ein We_____ viele _____

ein Fin_____ viele _____

ein Lum_____ viele _____

ein Gra_____ viele _____

(1) Sprich und schreibe die Wörter in der Verlängerung.

(2) Trage den fehlenden Buchstaben am Wortende ein.

- -

eisi●   Lan●   Gan●   plum●   Zei●   Sie●   Klan●   Lie●   pie●

lie●   kran●   wil●   of●   Lum●   klu●   Flu●   Klei●   en●

_____

_____

_____

(3) Schreibe die Wörter auf. Ergänze bei den Nomen die Artikel.

Ich kann Wörter verlängern und den Laut gut hören.

– Rechtschreibstrategien verwenden: Wörter verlängern
– Prinzip des Verlängerns kennen und anwenden
– über Fehlersensibilität verfügen

– SB, Seite 25, 27
– ÜH, Seite 15, 18

5

Zusammengesetzte Wörter richtig schreiben

In zusammengesetzten Wörtern kann man oft nicht hören, ob man b oder p, d oder t, g oder k schreiben muss.

Ich zerlege deshalb die zusammengesetzten Wörter und verlängere.

Wan____uhr	Ra____haus	Ban____wurm	Saf____flasche
Fun____wecker	Rau____tier	Pum____werk	Käfi____tür
Stau____sauger	To____form	We____weiser	Musi____instrument

1 Wie heißen die Wörter?

2 Aus welchen Teilen sind sie zusammengesetzt? Markiere so: Wan____|uhr

3 Welche Buchstaben fehlen? Verlängere das erste Wort und schreibe es auf.

4 Trage in den Wörtern die richtigen Buchstaben ein.

- -

Pum●station   lie●kosen   Pie●matz   run●um   Nor●pol   wer●voll
kal●stellen   Quar●speise   hal●voll   kran●lachen   en●stirnig   Flu●angst

5 Schreibe die Wörter richtig auf. Markiere den eingesetzten Buchstaben.

Ich kann zusammengesetzte Wörter zerlegen und verlängern.

6

– Rechtschreibstrategien verwenden: Wörter verlängern
– Inlautverhärtung bei Komposita erkennen
– Wörter in Bestandteile zerlegen

– SB, Seite 97, 99
– ÜH, Seite 63, 66

Verben mit b/p, d/t, g/k im Wort richtig schreiben

 In Verbformen kann man oft nicht hören, ob man b oder p, d oder t, g oder k schreiben muss.

 Ich spreche das Verb in der Grundform und höre.

Das Huhn pie____t.	Der Auspuff stin____t.
Das Pferd tra____t.	Der Blinker blin____t.
Der Junge fe____t.	Die Erde stau____t.
Der Mann sin____t.	Der Traktor hu____t.
Der Hund grä____t ein Loch.	Das Wildschwein to____t.

1 Lies die Sätze. Welche Laute fehlen in den Verben?

2 Schreibe die Verben in der Grundform auf.

3 Trage in den Sätzen die richtigen Buchstaben ein.

- -

b oder p?	
er gi____t	sie lie____t
er le____t	sie hu____t
es zir____t	es be____t
ihr ü____t	ihr pum____t

g oder k?	
es stin____t	er trin____t
sie sa____t	sie dan____t
es flie____t	er sä____t
ihr mer____t	ihr tra____t

4 Trage die fehlenden Buchstaben ein.

Ich kann Verben mit b/p, d/t, g/k im Wort richtig schreiben.

– Rechtschreibstrategien verwenden: Wörter verlängern
– Inlautverhärtung bei Verben in der Personalform erkennen
– Grundform der Verben finden

– SB, Seite 72, 74
– ÜH, Seite 46, 49

7

Wörter mit -s und -ß am Ende richtig schreiben

Fu͟ß?

der — die

Klingt das s beim Verlängern wie in **Wiese** oder wie in **Straße**?

Wiese			Straße

Mei___e   Gefä___e   Rie___en   Grü___e

flie___en   Ro___e   hei___en   lo___e

au___en   Ha___en   drau___en   Ho___en

gie___en   Va___e   Spä___e   ra___en

spei___en   grü___en   le___en   die___es

1 Sprich deutlich und vergleiche mit dem s-Laut bei **Wiese** oder **Straße**.
Trage s oder ß ein.

Mau___   Gla___   mie___   Ei___   Glei___

Flo___   gro___   Strau___   sü___   Fu___

2 Verlängere die Wörter. Wie klingt das s?

3 Schreibe die Wörter auf.

Ich kann Wörter mit -s und -ß am Ende
richtig schreiben.

– Rechtschreibstrategien verwenden: Wörter verlängern
– Lautqualitäten unterscheiden: s-Laut am Wortende
– stimmlose und stimmhafte Konsonanten unterscheiden

– SB, Seite 108, 111
– ÜH, Seite 71, 74

Wörter mit ä und e richtig schreiben

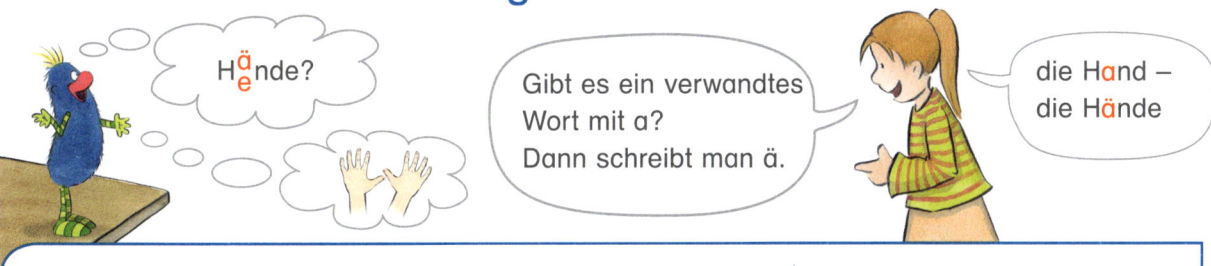

Hände?

Gibt es ein verwandtes Wort mit a?
Dann schreibt man ä.

die Hand –
die Hände

Gem⬤lde	W⬤nde		Langschl⬤fer	die Wand malen
f⬤rn	g⬤lb	F⬤ld	Gep⬤cktr⬤ger	packen schlafen tragen
w⬤hlen	H⬤md	k⬤lter	w⬤rmer	warm das Gras die Wahl
V⬤rb	z⬤hlen	n⬤hen	Gr⬤ser	die Zahl kalt die Naht

(1) Wie heißen die Wörter im linken Kasten?

(2) Welche Wörter haben ein verwandtes Wort mit a? Unterstreiche sie.

(3) Schreibe die Wörter mit ä richtig auf.

a	ä
der Schwamm	die Schwämme
lang	
tragen	
das Land	

a	ä
stark	
fahren	
zart	
der Tag	

(4) Finde verwandte Wörter mit ä. Schreibe sie in die Tabelle.

Ich kann Wörter mit ä/e richtig schreiben.

– Rechtschreibstrategien verwenden: Wörter ableiten
– Prinzip der Stammschreibung nutzen: Wörter mit ä/e
– Wortverwandtschaft beachten

– SB, Seite 60, 63
– ÜH, Seite 39, 42

9

Wörter mit äu und eu richtig schreiben

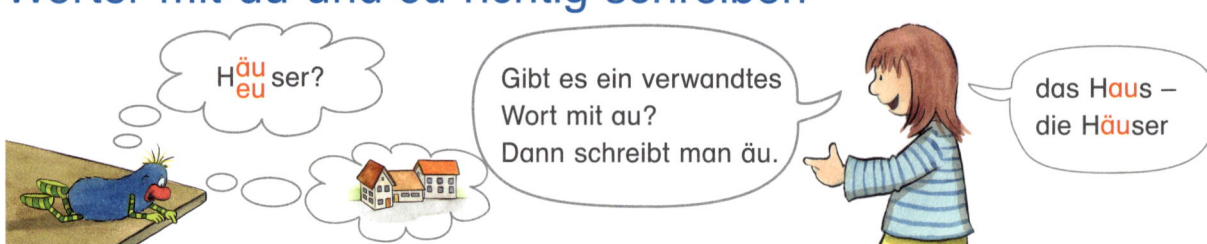

Häu/euser?

Gibt es ein verwandtes Wort mit au? Dann schreibt man äu.

das Haus – die Häuser

Geb●de	Fr●nd	R●me	R●ber	bauen	rauben	der Raum	
Geh●se	Eisl●fer	B●le	tr●men	glauben	eislaufen	taub	
l●chten	gl●big	h●fig	h●te	das Haus	der Haufen		
ein●gig	bet●ben	n●		das Auge	der Traum		

1 Wie heißen die Wörter im linken Kasten?

2 Welche Wörter haben ein verwandtes Wort mit au? Unterstreiche sie.

3 Schreibe die Wörter mit äu richtig auf.

au	äu
das Kraut	die Kräuter
kaufen	
der Raum	
schnauzen	

au	äu
laut	
der Zaun	
rauschen	
der Schaum	

4 Finde verwandte Wörter mit äu. Schreibe sie in die Tabelle.

Ich kann Wörter mit äu/eu richtig schreiben.

– Rechtschreibstrategien verwenden: Wörter ableiten
– Prinzip der Stammschreibung nutzen: Wörter mit äu/eu
– Wortverwandtschaft beachten

– SB, Seite 61, 63
– ÜH, Seite 39, 42

Wörter mit doppeltem Mitlaut schreiben

Bei einigen Wörtern mit kurzem Selbstlaut hört man nur einen Mitlaut.

Dann musst du den Mitlaut verdoppeln – einen hören und zwei schreiben.

Schwa____ Do____e To____f So____e Lö____el Wo____e

Bri____e Ta____e Hu____d Schi____ Ka____ Ra____

Wa____d He____d Ko____er He____m Nu____ Lu____e

(1) Wie heißen die Wörter?
Streiche alle Wörter mit einem langen Selbstlaut durch.

(2) Hörst du nach dem kurzen Selbstlaut verschiedene Konsonanten?
Trage sie ein.

(3) Hörst du nach dem Selbstlaut nur einen Konsonanten?
Verdopple und trage ein.

- -

ko $\frac{m}{mm}$ en kru $\frac{m}{mm}$ gel $\frac{l}{ll}$ b kle $\frac{t}{tt}$ ern se $\frac{n}{nn}$ den Ho $\frac{s}{ss}$ e

sie $\frac{b}{bb}$ en he $\frac{l}{ll}$ fen schne $\frac{l}{ll}$ au $\frac{f}{ff}$ ba $\frac{l}{ll}$ d Dau $\frac{m}{mm}$ en

(4) Schreibe die Wörter mit kurzem Selbstlaut richtig auf.

Ich kann Wörter mit doppeltem Mitlaut richtig schreiben.

– Rechtschreibstrategien verwenden: Vokallänge prüfen
– lange und kurze Vokale unterscheiden durch kontrastives Sprechen
– Rechtschreibwissen anwenden

– SB, Seite 37, 39
– ÜH, Seite 23, 26

11

Wörter mit ck schreiben

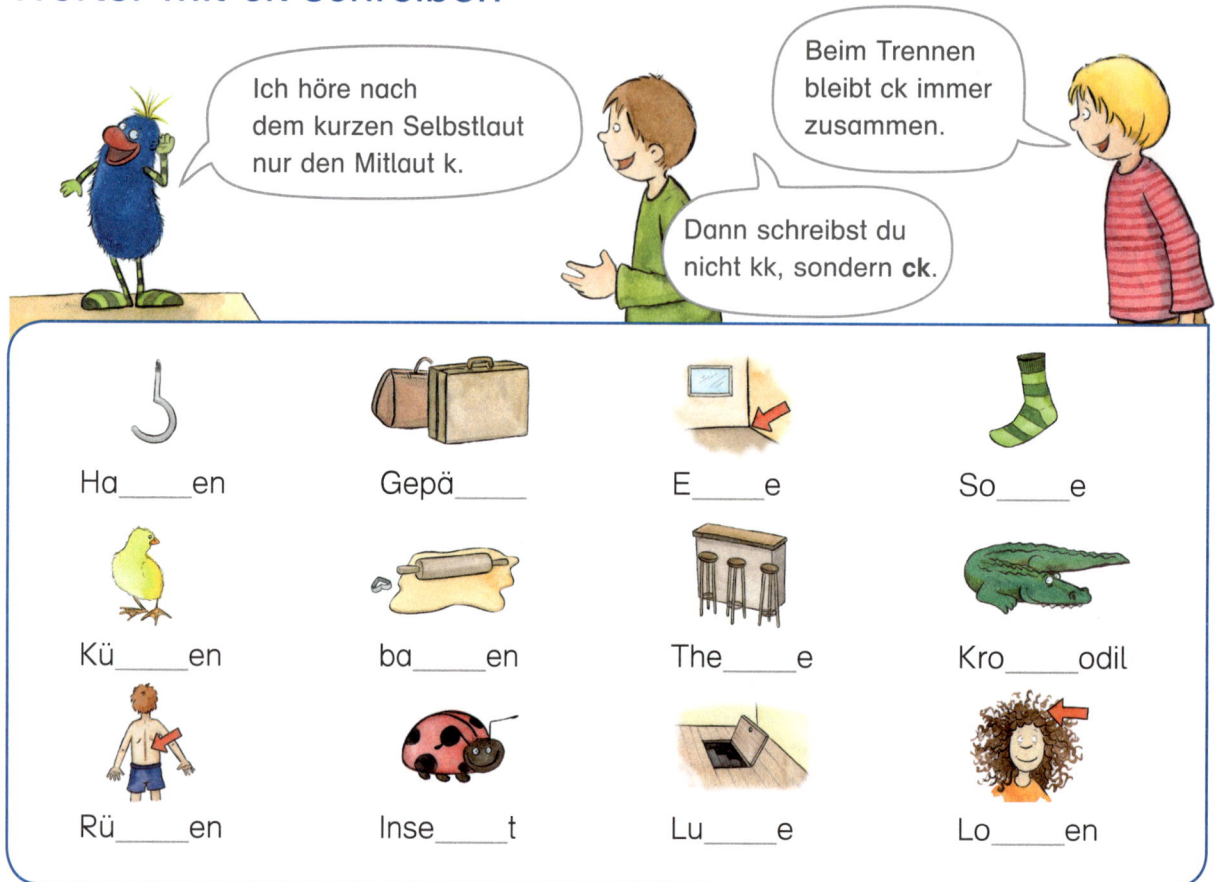

Ich höre nach dem kurzen Selbstlaut nur den Mitlaut k.

Beim Trennen bleibt ck immer zusammen.

Dann schreibst du nicht kk, sondern **ck**.

Ha____en　　Gepä____　　E____e　　So____e

Kü____en　　ba____en　　The____e　　Kro____odil

Rü____en　　Inse____t　　Lu____e　　Lo____en

---

1 Wie heißen die Wörter?
Streiche alle Wörter mit einem langen Selbstlaut durch.

2 In welchen Wörtern hörst du nach dem kurzen Selbstlaut nur k?
Trage ck ein.

- -

stri_ck_en　　ho_ck_en　　dru_ck_en　　Kro_ck_us　　Bli_ck　　mä_ck_eln

Fa_ck_el　　De_ck_el　　pi_ck_en　　Ke_ck_s　　ha_ck_en　　Musi_ck　　Ja_ck_e

_____

_____

3 Schreibe die Wörter mit kurzem Selbstlaut richtig auf.

Ich kann Wörter mit ck richtig schreiben.　　

— Rechtschreibstrategien verwenden: Vokallänge prüfen
— lange und kurze Vokale unterscheiden
— über Fehlersensibilität verfügen

— SB, Seite 48, 50
— ÜH, Seite 31

Wörter mit tz schreiben

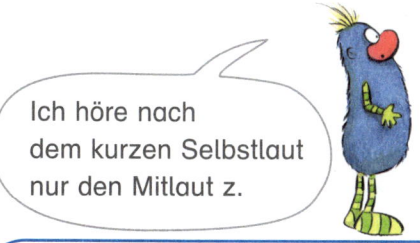

Ich höre nach dem kurzen Selbstlaut nur den Mitlaut z.

Dann schreibst du nicht zz, sondern **tz**.

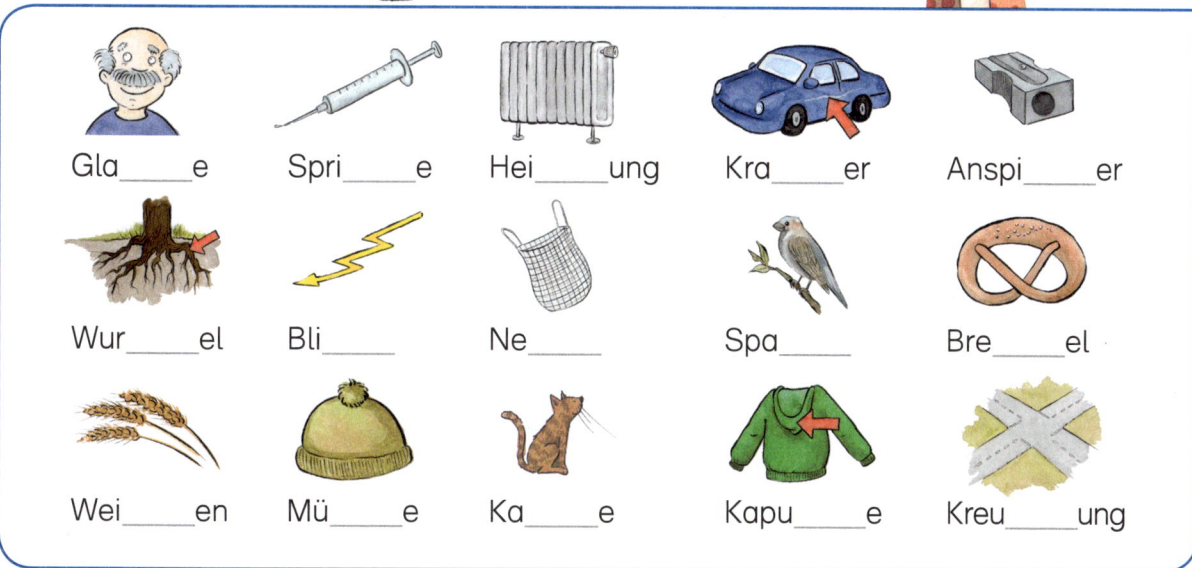

Gla____e   Spri____e   Hei____ung   Kra____er   Anspi____er

Wur____el   Bli____   Ne____   Spa____   Bre____el

Wei____en   Mü____e   Ka____e   Kapu____e   Kreu____ung

(1) Wie heißen die Wörter?
Streiche alle Wörter mit einem langen Selbstlaut durch.

(2) In welchen Wörtern hörst du nach dem kurzen Selbstlaut z?
Trage tz ein.

- -

se $\frac{z}{tz}$ en   hei $\frac{z}{tz}$ en   pu $\frac{z}{tz}$ en   rei $\frac{z}{tz}$ en   spi $\frac{z}{tz}$ tro $\frac{z}{tz}$ dem

Me $\frac{z}{tz}$ ger   le $\frac{z}{tz}$ ter   pu $\frac{z}{tz}$ ig   Scha $\frac{z}{tz}$ Kreu $\frac{z}{tz}$ fli $\frac{z}{tz}$ en

(3) Schreibe die Wörter mit kurzem Selbstlaut richtig auf.

Ich kann Wörter mit tz richtig schreiben.

– Rechtschreibstrategien verwenden: Vokallänge prüfen
– lange und kurze Vokale unterscheiden
– über Fehlersensibilität verfügen

– SB, Seite 49, 50
– ÜH, Seite 31

Wörter mit ie schreiben

die Wiese
das Kind

W$^i_{ie}$se?

K$^i_{ie}$nd?

Wenn ich ein langes i höre, schreibe ich meistens ie.

Kind	Fl___ge	R___nd	B___ne	S___lbe	Wiese
	B___rne	R___se	Kop___rer	Sch___ff	
	Gr___ppe	W___ppe	D___b	S___b	
	Fr___den	B___ld	Kn___	L___ste	
	Br___lle	Pap___r	St___mme	T___r	

1 Wie heißen die Wörter? Mache die Armprobe. Trage i oder ie ein.

w___ld	bl___nd	f___nden	br___ngen	w___schen

l___b	n___	v___r	sp___len	l___gen

2 Was ist richtig: i oder ie? Trage ein.

b●nden m●ld S●b K●nd s●ngen kl●ngen f●schen fl●gen D●b Kn●

s● h●r B●ld T●r w●nden W●nd z●len m●schen sch●len w●gen

3 Ordne die Reimwörter den Wörtern in der Tabelle zu.

Ich kann Wörter mit ie richtig schreiben.

14

– Rechtschreibstrategien verwenden: Vokallänge prüfen
– lange und kurze Vokale unterscheiden
– Rechtschreibwissen anwenden

– SB, Seite 121

Wörter mit V/v üben

Was ist das Besondere an Wörtern mit V/v?

Diese Wörter musst du dir merken. Übe sie regelmäßig.

b	r	a	v	v	i	e	l	v	o	r	V	e	r	b	v	o	n
A	d	v	e	n	t	V	a	m	p	i	r	V	e	r	h	ö	r
V	a	t	e	r	v	o	m	v	i	e	l	l	e	i	c	h	t
V	e	n	t	i	l	a	t	o	r	V	e	r	a	n	d	a	
V	o	k	a	b	e	l	b	e	v	o	r	a	k	t	i	v	
v	o	l	l	V	ö	l	k	e	r	V	e	r	l	i	e	s	e

(1) Male die V/v-Wörter mit unterschiedlichen Farben an.

(2) Schreibe die Wörter richtig auf.

  _____  _____

 _____  _____ _____

 _____ _____ _____

(3) Welche Wörter werden mit V/v geschrieben? Schaue in der Wörterliste nach.

(4) Schreibe die V/v-Wörter richtig auf.

Ich kann Wörter mit V/v schreiben.

– Rechtschreibstrategien verwenden: Merkwörter üben
– rechtschreibwichtige Wörter normgerecht schreiben
– Übungsformen selbstständig nutzen

– SB, Seite 96

15

Wörter mit ver-/vor- üben

Was muss ich über die Wortbausteine ver- und vor- wissen?

Eines merke dir genau, ver- und vor- schreibt man mit v!

ver und vor schreibt man mit V

| vorlesen | verliebt | vergessen | Verrat | vorsagen | vormachen |
| verbergen | Verlies | vorsingen | Vortrag | verblühen | Vorsprung |

(1) Unterstreiche die Wortbausteine ver- und vor- und markiere das V/v.

_____

_____

_____

(2) Schreibe die Wörter richtig ab.

| suchen | folgen | kaufen | fahren | stellen | dampfen | stehen |

_____

_____

_____

(3) Bilde sinnvolle Wörter mit ver- und vor-. Schreibe die Wörter auf.

Ich kann Wörter mit ver- und vor- schreiben. 😀 🙂 😐 🙁

– Rechtschreibstrategien verwenden: Merkwörter üben
– rechtschreibwichtige Wörter normgerecht schreiben
– Übungsformen selbstständig nutzen

– SB, Seite 84, 86
– ÜH, Seite 54, 57

Wörter mit doppeltem Selbstlaut üben

Welche Wörter schreibt man mit doppeltem Selbstlaut?

Die Wörter mit aa, ee und oo musst du dir merken. Übe sie regelmäßig.

M____r   S____l   S____   Schn____

P____r   T____r   M____r   B____re

B____t   ____l   M____s

aa
ee
oo

1 Wie heißen die Wörter? Ergänze die doppelten Selbstlaute.

2 Schreibe die Wörter richtig auf.

3 Schreibe die Wörter mit doppelten Selbstlauten richtig auf.

Ich kann Wörter mit doppeltem Selbstlaut schreiben. 😃 🙂 😐 ☹️

– Rechtschreibstrategien verwenden: Merkwörter üben
– rechtschreibwichtige Wörter normgerecht schreiben
– Übungsformen selbstständig nutzen

– SB, Seite 85, 87
– ÜH, Seite 55, 58

17

Wörter mit ä üben

Warum muss ich diese Wörter mit ä lernen?

Sie haben keinen Verwandten mit a. Du musst sie dir gut merken und regelmäßig üben.

zräM	mräL	täreG	täps	gärsch
dnerhäw	nechräM		enhäM	regrÄ

1 Welche Wörter wurden hier verrätselt?
Schreibe sie richtig auf. Markiere das ä.

2 Schlage die Wörter in der Wörterliste nach.

3 Schreibe die Wörter richtig auf.

Ich kann Merkwörter mit ä schreiben.

– Rechtschreibstrategien verwenden: Merkwörter üben
– rechtschreibwichtige Wörter normgerecht schreiben
– Übungsformen selbstständig nutzen

– SB, Seite 109

Wörter mit langem i üben

Warum muss ich diese Wörter mit langem i lernen?

Du hörst ein langes i, schreibst aber nur i. Diese Wörter musst du regelmäßig üben.

oniK	oliK	rid	suriV	nimreT	dilneguA	amirp
enihcsaM	lemirP	retiL	lebiF	rim	esirB	eniuR

_____

_____

_____

1 Welche Wörter wurden hier verrätselt?
Schreibe sie richtig auf. Markiere das i.

_____

_____

2 Schlage die Wörter in der Wörterliste nach.

3 Schreibe die Wörter richtig auf.

Ich kann Merkwörter mit unmarkierten langem i schreiben.

– Rechtschreibstrategien verwenden: Merkwörter üben
– rechtschreibwichtige Wörter normgerecht schreiben
– Übungsformen selbstständig nutzen

– SB, Seite 129
– ÜH, Seite 83

19

Wörter mit Dehnungs-h üben

Das Dehnungs-h schreibt man bei einigen Wörtern nach langem Selbstlaut.

Warum schreibt man manchmal ein h nach dem Selbstlaut?

Dehnungs-h nur vor l, m, n, r!

Zahn	ähnlich	Mähne	nehmen	Fehler	Sohn
hohl	wohnen	Höhle	Huhn	Bühne	fühlen

1 Unterstreiche in allen Wörtern das Dehnungs-h. Markiere den Selbstlaut vor und den Mitlaut nach dem h mit verschiedenen Farben.

fahren   fehlen   ihm   sehr   ohne   Uhr   fröhlich   Gefahr

ihn   fühlen   Lehrer   Stuhl   ihr   sehr   Hahn   zehn   Rohr

Kahn   mehr   Ohr   Gewühl   Sohle   Kuhle   kühlen   wahr

ah / äh	eh	ih	oh / öh	uh / üh

2 Trage die Wörter in die Tabelle ein.

3 Markiere in allen Wörtern das Dehnungs-h.

Ich kann Merkwörter mit Dehnungs-h schreiben.

– Rechtschreibstrategien verwenden: Merkwörter üben
– rechtschreibwichtige Wörter normgerecht schreiben
– Übungsformen selbstständig nutzen

– SB, Seite 73
– ÜH, Seite 47

Nomen erkennen und großschreiben 1

Woran erkenne ich Nomen?

Ich erkenne Nomen mit Hilfe der drei Nomenproben.

Namen für Menschen, Tiere, Pflanzen, Dinge
Einzahl-Mehrzahl
Artikel der, die, das, ein, eine

topf   blume   gleich   gabel   arzt   lisa   affe   taucht   rad   tafel   gras
lampe   tanne   maus   lehrerin   wurst   heizung   nicht   hose   oma

1 Welche Wörter sind Nomen? Unterstreiche sie.

	Mensch Tier Pflanze Ding	Einzahl-Mehrzahl **ein – viele**	Begleiter **der, die, das, ein, eine**
katze	Tier	eine Katze – viele Katzen	die Katze, eine Katze
hut			
läuft			
frau			
tulpe			
brot			
fisch			
tante			
witzig			

2 Welche Wörter sind Nomen? Schreibe wie im Beispiel auf.

3 Markiere die großen Anfangsbuchstaben.

Ich kann Nomen erkennen und großschreiben.

– Rechtschreibstrategien verwenden: Nomen großschreiben (Konkreta)   – SB, Seite 12, 15
– grammatisches Wissen für Großschreibung nutzen   – ÜH, Seite 7, 10
– Nomen erkennen und bestimmen

21

Nomen erkennen und großschreiben 2

Nomen sind Namen für Menschen, Tiere, Pflanzen und Dinge.

Auch Namen für Gedanken, Ideen, Gefühle und Zustände sind Nomen.

Alle Nomen musst du großschreiben.

Spaß	Wut	Glück	Kraft	Begeisterung	Liebe
Schreck	Not	Einfall	Nähe	Freundschaft	Angst
Unsinn	Kälte	Lob	Wärme	Traurigkeit	Vertrauen

(1) Welche Wörter sind Namen für Gedanken? Unterstreiche sie rot.

(2) Welche Wörter sind Namen für Ideen? Unterstreiche sie grün.

(3) Welche Wörter sind Namen für Gefühle? Unterstreiche sie blau.

(4) Welche Wörter sind Namen für Zustände? Unterstreiche sie gelb.

- -

frieden	alter	krankheit	lustig	neben	lacht	ruhe
schwer	höhe	unterschied	schmerz	dummheit	nässe	vor

(5) Welche Wörter sind Nomen? Unterstreiche sie und schreibe sie richtig auf.

Ich kann Nomen erkennen und großschreiben.

– Rechtschreibstrategien verwenden: Nomen großschreiben (Abstrakta)
– grammatisches Wissen für Großschreibung nutzen
– Nomen erkennen und bestimmen

– SB, Seite 124
– ÜH, Seite 80

22

Satzanfänge erkennen und großschreiben

Woran erkenne ich einen Satz?

Jeder Satz ist eine Minigeschichte.

Am Satzende steht ein Punkt. Satzanfänge schreibt man groß.

> Peter und Eva gehen zum Fußball. Die Zuschauer jubeln. Die Sportfreunde gewinnen das Spiel. Nach dem Abpfiff isst Peter im Zelt eine Wurst. Eva macht ein Foto. Beide sind glücklich.

1 Unterstreiche die Sätze mit unterschiedlichen Farben.

2 Markiere die Satzanfänge und den Punkt am Satzende.

- -

> heute übernachtet Hannah bei Marlen gemeinsam zelten sie im Garten zuerst bauen sie das Zelt auf dann legen sie ihre Schlafsäcke hinein sie grillen und trinken Saft nachts beobachten sie die Sterne Hannah entdeckt eine Sternschnuppe

3 Unterstreiche die Sätze mit unterschiedlichen Farben.

4 Setze die Punkte am Satzende. Markiere die Satzanfänge.

5 Schreibe drei der Sätze richtig auf.

Ich kann Satzanfänge erkennen und großschreiben.

Zeichensetzung bei der wörtlichen Rede anwenden

Der Begleitsatz endet mit einem Doppelpunkt und erklärt, wer spricht.

Paul sagt: „Der Hund bellt."

Was jemand spricht, ist die wörtliche Rede. Sie steht in Anführungszeichen.

Sollen wir Eis essen?

Das ist eine gute Idee.

Ich mag Zitroneneis.

Auf geht's!

Ina   Leo   Anne   Lars

Ina fragt Sollen wir Eis essen? Leo antwortet Das ist eine gute Idee. Anne sagt Ich mag Zitroneneis. Lars ruft Auf geht's!

(1) Unterstreiche die wörtliche Rede in blau und setze die Anführungszeichen.

(2) Unterstreiche die Begleitsätze rot und setze den Doppelpunkt.

Jonah fragt Spielen wir heute? Aaron ruft Ich bin dabei! Marlon erklärt Ich bringe einen Ball mit. Eddy meint Ich komme auch. Jonah sagt Super, wir treffen uns um 15 Uhr auf dem Sportplatz.

(3) Schreibe den Text richtig auf.
Denke an den Doppelpunkt und die Anführungszeichen.

Ich kann Satzzeichen bei wörtlicher Rede anwenden.

– Zeichensetzung beachten:
  wörtliche Rede mit vorangestelltem Begleitsatz
– Sprachwissen für Zeichensetzung nutzen

– SB, Seite 36, 38
– ÜH, Seite 22, 25